LA MISSION D'ALQUIER A STOCKHOLM

NAPOLÉON ET BERNADOTTE

EN 1811

D'APRÈS LES DOCUMENTS INÉDITS

DES ARCHIVES DES AFFAIRES ÉTRANGÈRES, A PARIS

PAR

P. COQUELLE

CORRESPONDANT DU MINISTÈRE DE L'INSTRUCTION PUBLIQUE

Extrait de la « Revue d'histoire diplomatique »

PARIS
TYPOGRAPHIE PLON-NOURRIT et Cⁱᵉ
8, RUE GARANCIÈRE — 6ᵉ

1909

LA MISSION D'ALQUIER A STOCKHOLM

NAPOLÉON ET BERNADOTTE

EN 1811

LA MISSION D'ALQUIER A STOCKHOLM

NAPOLÉON ET BERNADOTTE

EN 1811

D'APRÈS LES DOCUMENTS INÉDITS

DES ARCHIVES DES AFFAIRES ÉTRANGÈRES, A PARIS

PAR

P. COQUELLE

CORRESPONDANT DU MINISTÈRE DE L'INSTRUCTION PUBLIQUE

Extrait de la « Revue d'histoire diplomatique »

PARIS
TYPOGRAPHIE PLON-NOURRIT ET Cie
8, RUE GARANCIÈRE — 6^e
—
1909

LA
MISSION D'ALQUIER A STOCKHOLM
1810-1811

D'APRÈS LES DOCUMENTS INÉDITS
DES ARCHIVES DES AFFAIRES ÉTRANGÈRES, A PARIS

I

LES INSTRUCTIONS D'ALQUIER

Un mois après la ratification du traité de paix conclu avec la Suède, le 6 janvier 1810[1], Napoléon choisit pour le représenter définitivement à Stockholm, Jean-Baptiste Alquier, ancien ministre de France à Munich, à Rome et à Naples.

Quatre candidats avaient été présentés par Champagny pour le poste de Stockholm : d'abord Lehoc, ancien ambassadeur en Suède en 1795, qui fut jugé trop âgé, il avait soixante ans; puis Durand, ministre à Stuttgard; Bignon, ministre à Carlsruhe, enfin Alquier. A l'occasion de sa nomination, il sollicita le titre de comte ou de baron : « la position de sa fortune ne lui permettant pas de transmettre ce titre à ses deux fils, servant alors en Espagne, il lui resterait personnel, mais honorerait sa vie et serait un motif de noble émulation pour ses enfants[2]. » Napoléon le créa baron.

Alquier n'était pas riche : 9 000 livres de rente annuelle; il avait perdu son mobilier et ses chevaux, lors de sa fuite de

---

[1] Ce traité fut ratifié le 21 février 1810; voir à ce sujet notre étude : *Napoléon et la Suède en 1810*, dans le *Bulletin historique du Ministère de l'instruction publique*, année 1906.

[2] Archives nationales, AF IV, 1700; Alquier à Napoléon, 9 avril 1810.

— 2 —

Naples, en 1806, et on ne l'avait point indemnisé. A Rome, il avait également dû abandonner une partie de ses meubles, par suite de son départ précipité, ordonné par l'Empereur. Enfin, son établissement à Stockholm serait ruineux pour lui, à cause de la distance. Pour ces motifs, il sollicita, comme gratification, les deux tiers de son traitement annuel, au lieu d'un tiers, fixé par le règlement. Ce traitement était de 60 000 francs, et il en avait déjà dépensé 32 000. Nous ne savons s'il obtint satisfaction.

Par suite de diverses circonstances et notamment à cause de l'élection du prince royal de Suède, le départ d'Alquier fut retardé, et il ne quitta Paris que dans les premiers jours d'août 1810.

De la mission d'Alquier en Suède, on ne connaît guère que la scène entre Bernadotte et lui, le 26 août 1811, c'est-à-dire le dernier épisode. Les négociations diplomatiques qui l'ont précédé n'ont jamais été exposées d'une manière méthodique et complète [1]. Elles sont pourtant très intéressantes et permettent de saisir les motifs qui ont amené Bernadotte à se détacher progressivement de Napoléon, et poussé l'Empereur à l'agression du 27 janvier 1812, contre la Poméranie suédoise.

---

[1] On en trouve des fragments toujours incomplets, parfois inexacts, dans les ouvrages suivants: Touchard-Lafosse, *Histoire de Charles-Jean*, 1838, t. II, p. 179 et suiv.; — Bail, *Correspondance de Bernadotte avec Napoléon*, 1819, passim; — Beaumont-Vassy, *Les Suédois depuis Charles XII*, t. II, p. 143-150; — Bernard-Sarrans, *Histoire de Bernadotte*, 1845, t. I, p. 205 et suiv.; — Ch. Schefer, *Bernadotte roi*, 1899, p. 72 et 81; — Bignon, *Hist. de France sous Napoléon*, t. IX, p. 342, et t. X, p. 151 et suiv.; — A. Thiers, *Hist. du Consulat et de l'Empire*, t. XIII, passim; — L. Pingaud, *Bernadotte, Napoléon et les Bourbons*, 1901, p. 136-138; — A. Vandal, *Napoléon et Alexandre Ier*, t. III, chap. x; — *La Suède sous Charles XIV Jean*, par F. Smith, 1845, p. 27 et 38; — Coupé de Saint-Donat, *Mémoire pour servir à l'histoire de Charles-Jean*, t. I, passim, donne la copie des pièces contenues dans le recueil de Bail, cité ci-dessus; — Montgaillard, *Histoire de France*, vol. VII, p. 24-26; — Lanfrey, *Histoire de Napoléon Ier*, t. V, p. 326 et 453; — Suremain, *Mémoires*, chap. VIII et IX; — Lavisse et Rambaud, *Hist. générale*, t. IX, ne parlent pas de l'activité diplomatique d'Alquier, à Stockholm.

Nous allons essayer de présenter ces négociations dans leur ensemble grâce aux documents, pour la plupart inédits, des archives du ministère des Affaires étrangères de Paris, et des Archives nationales.

Malgré l'élection de Bernadotte comme prince héritier, les instructions remises à Alquier, le 31 mars précédent, avaient conservé toute leur valeur; on ne lui en donna donc point d'autres lors de son départ. Elles débutent par une considération peu flatteuse pour la Suède : « Cette nation étant déchue du rang qu'elle occupait au dix-huitième siècle, et plus tard quand elle menaçait la capitale du grand empire qui venait de s'élever et de se former à côté d'elle et à ses dépens; aujourd'hui la France n'a plus aucun intérêt à renouveler ses anciens traités d'alliance avec elle. Ils sont annulés et nos rapports se borneront au maintien de la paix et d'une amitié franche et durable. Ce sera le premier objet de la mission d'Alquier.

« Il doit donc veiller constamment à l'exécution du blocus continental, provoque. toutes les mesures qu'il jugera convenables pour prévenir l'introduction des marchandises et denrées coloniales anglaises. Il s'attachera surtout à empêcher qu'il ne résulte des abus de la faculté que le gouvernement suédois s'est réservé d'admettre dans ses ports des navires chargés de sel pour la consommation du pays.

« La France ne pourra probablement profiter immédiatement de l'entrepôt de Gothembourg, si favorable à son commerce avec le Nord; néanmoins, il veillera à ce qu'il ne soit pris aucune mesure attentatoire à ses droits. Il étudiera la question de l'établissement d'un traité de commerce pour remplacer ceux de 1741 et 1784 [1] ».

En résumé, au printemps de 1810, Napoléon estime la Suède indigne de s'allier avec lui, parce qu'il n'est pas question en ce moment d'une brouille avec la Russie, et le rôle de

---

[1] Archives des Affaires étrangères, Ms., Suède, Correspondance, t. 293, f° 341.

son représentant sera celui d'un surveillant qui devra même, le cas échéant, s'immiscer dans les affaires intérieures du pays; cette situation donnera bientôt lieu à des froissements regrettables.

Alquier séjourna un certain temps à Elseneur, en face de la côte suédoise et n'arriva à Stockholm que le 17 septembre. Il fallait, avant qu'il prît possession de son poste, que la question de l'élection du prince royal de Suède fut définitivement réglée.

La Suède s'était engagée, par l'article 3 du traité du 6 janvier 1810, à adhérer pleinement au blocus continental, c'est-à-dire à ne recevoir aucune marchandise ou denrée coloniale anglaise, *sous quelque pavillon que ce fût*. Le sel venant d'Angleterre était admis en dérogation à cette clause.

Or, d'après le rapport d'un voyageur français, six mille bâtiments, battant pavillon américain, avaient pénétré à Gothembourg depuis l'époque de la signature de ce traité jusqu'au 13 octobre de la même année. Ils portaient pour 50 à 60 millions de denrées coloniales anglaises, dont une partie était entrée en Danemark par suite de la faiblesse du Roi, le reste se trouvait sur les marchés suédois. En conséquence, le sucre et le café se vendaient à vil prix dans ce pays, à la grande satisfaction des habitants. Ces renseignements étaient en partie confirmés par Ranchoup, consul de France à Gothembourg, qui écrivait à Champagny que, le 8 octobre 1810, mille sept cents navires américains mouillaient dans ce port, que neuf cents étaient partis le lendemain pour la Baltique avec des denrées coloniales et le 10, huit cents avaient fait voile pour l'Angleterre avec des produits suédois : fers, bois et chanvre[1]. Tous étaient escortés par des navires de guerre britanniques. Il ajoutait que les lettres et les passagers voyageaient régulièrement par des paquebots entre les ports de Suède et de ceux d'Écosse.

Un corsaire français, le *Wagram*, avait été enlevé par les Anglais

[1] Archives des Affaires étrangères, *loc. cit.*, t. 249, f° 294; rapport de Ranchoup

dans le port de Stralsund, en Poméranie suédoise; enfin, un incident plus caractéristique s'était produit dans les eaux suédoises. Une chaloupe, détachée d'un navire de guerre anglais, ayant pénétré dans le port de Carlstern pour attaquer un corsaire danois, avait été capturée avec ses dix-sept hommes d'équipage par une canonnière suédoise. Les autorités de Calstern s'étaient empressés de rendre ses marins au commandant du navire britannique.

Alquier demanda des explications sur ces infractions au traité de Paris et ces manquements aux bons rapports entre pays amis. Engeström, ministre des Affaires étrangères, répondit :

« Le *Wagram* a été pris dans le port de Stralsund par sa propre imprudence, et d'ailleurs le Roi a ordonné au commerce de Stralsund d'en payer la valeur; donc le gouvernement suédois n'est pas responsable de cette affaire. Nous avons rendu au commandant anglais les marins pris à Carlstern; c'est vrai, mais leur nombre était si peu important que la perte de ces marins ne pouvait causer un préjudice à la marine britannique; si leur nombre avait été plus considérable, nous aurions pu agir différemment; de plus, l'Angleterre doit à son honneur de punir ces hommes, ce qu'elle aurait été dans l'impossibilité de faire si nous les avions gardés; car nous ne pouvions pas négocier en vue d'une réparation, puisque nos relations diplomatiques sont rompues avec le cabinet anglais. »

Le nombre de six mille navires neutres entrés dans la rade de Gothembourg était faux, suivant Engeström et il fournissait à Alquier des rapports des autorités suédoises constatant que, du 1er janvier au 28 novembre 1810, mille deux cent quatre-vingt-huit navires seulement y étaient entrés dont quatre cents sur lest et deux cent soixante venant de la Norvège, du Jutland et de la Baltique, les autres contenaient peut-être des denrées coloniales, mais on n'en était pas bien certain. La Russie était bien plus coupable, ajoutait-il, car elle avait reçu trois mille bateaux venant directement d'Angleterre.

Alquier devait se contenter de ces explications spécieuses, mais elles ne convainquaient ni lui, ni Napoléon.

II

PREMIÈRES DIFFICULTÉS

Pour pallier le mauvais effet que sa conduite ne pouvait manquer de produire sur l'Empereur, le gouvernement suédois accablait Alquier de politesses. Il fut reçu à Orebro par le Roi et lui remit le grand cordon de la Légion d'honneur; le vieux monarque s'empressa de s'en parer; sa joie était extrême; il s'écria :

« Enfin, nous ne faisons plus qu'un. Tout le monde sait bien ici que tel a toujours été le vœu de mon cœur; mais ne laissez pas ignorer à l'Empereur que je suis plus entraîné vers lui par l'admiration et l'affection que je lui ai vouées, que par les considérations politiques [1]. »

Engeström et Adlercreutz, conseiller intime, reçurent également des mains d'Alquier les hautes décorations de la Légion d'honneur. Après trois jours de réceptions, de fêtes et de protestations d'amitié, notre ministre revint à Stockholm; les difficultés allaient commencer.

Dans les derniers jours d'octobre 1810, Alquier reçut de Champagny deux importantes dépêches; elles lui traçaient, de la manière suivante, sa ligne de conduite :

1° Rien n'est changé aux décrets de Milan et Berlin; les denrées coloniales : sucre, café, coton sont exclues des ports avec plus de sévérité que jamais;

2° Il n'y a plus de neutres, surtout américains; même quand ils ont des certificats délivrés par les consuls de France, il faut les traiter comme Anglais;

3° Le gouvernement suédois doit confisquer tous les bâti-

---

[1] *Loc. cit.*, Suède, Correspondance, t. 294, f° 236; Alquier à Champagny, 6 octobre 1810.

ments neutres ayant des denrées coloniales à bord, qui lui tomberont sous la main, même ceux qui ont la licence française[1];

4° Par décret des 8 août et 12 septembre 1810, des droits d'entrée ont été établis. Ces droits n'ont pas pour résultat de permettre l'entrée des denrées coloniales; mais, comme une grande quantité de denrées a été saisie dans les ports français, russes et prussiens, sur plus de deux cents navires soi-disant neutres, le résultat de ces saisies serait de rendre ces denrées trop abondantes en certains endroits du continent. L'Empereur a décidé de mettre sur les denrées coloniales déjà introduites, ou qui arrivent par suite de saisies, des droits qui les maintiennent à un prix élevé; d'abord, pour en diminuer la consommation, ensuite pour favoriser le débit des produits continentaux qui doivent les remplacer.

Il faut que tous les pays appliquent ces droits, la Suède plus que les autres;

5° Demander la cessation de toutes relations directes ou indirectes avec l'Angleterre et la fermeture complète des ports aux navires chargés de denrées coloniales, quelle que soit leur nationalité.

Alquier tint à Engeström un langage conforme à ces instructions.

« Le gouvernement suédois, lui répondit le ministre, est à l'abri de tout reproche, puisque les denrées coloniales accumulées à Gothembourg n'ont point été apportées par des navires anglais, mais par des bâtiments américains que le traité de Paris n'exclut point des ports suédois. » Cette interprétation du traité était fausse; en effet, il était spécifié que les denrées coloniales ne seraient pas reçues, quelle que fût la nationalité des bâtiments qui les avait apportées; mais le mot « américains » ne figurait pas dans le texte du traité, d'où la réponse spécieuse d'Engeström.

[1] *Loc. cit.*, Suède, Correspondance, t. 294, f° 236; Champagny à Alquier, 5 octobre 1810. Au sujet du blocus continental; cf. notre ouvrage : *Napoléon et l'Angleterre, 1802-1813*, chap. XXII.

Nous ne pouvons pas interrompre tout commerce avec l'Angleterre, continuait le ministre; en effet, l'article IV du traité de Paris nous autorise à recevoir de ce pays le sel nécessaire aux besoins de notre population et, comme conséquence, à vendre aux Anglais les produits suédois.

Cette fois, Engeström avait raison et Alquier ne pouvait rien objecter, car c'était conforme à la lettre du traité de Paris, sinon à son esprit. Quant à la confiscation des bâtiments chargés de denrées coloniales, Engeström prendrait les ordres du roi, et il ne voyait pas d'inconvénient à cette confiscation; mais, au sujet des droits que Napoléon proposait d'appliquer sur les denrées coloniales déjà entrées, la question était complexe, et on ne pouvait la résoudre sans l'autorisation de la Diète, qui n'était pas réunie et dont on ignorait la date de convocation, car elle ne se tenait que tous les trois ans. C'était une manière adroite d'éluder la question, en effet Napoléon ne pouvait forcer le gouvernement à violer la constitution du royaume.

L'arrivée de Bernadotte à Stockholm, le 2 novembre 1810, fit espérer à Alquier que les ordres de Napoléon seraient mieux exécutés que par le passé, le nouveau prince royal paraissant plein de bonnes intentions envers la France. Aux plaintes de notre ministre, il reconnut que les commerçants de Gothembourg s'étaient conduits d'une manière scandaleuse et révoltante et que plusieurs maisons israélites, extrêmement riches, lui semblaient très coupables. Il prit alors l'engagement de faire connaître au Roi les abus dont Sa Majesté n'avait point encore été informée [1]. Puis il écrivit à Napoléon que le commerce anglais n'était pas toléré à Gothembourg, qu'il y avait de la contrebande en Suède comme partout et il le suppliait de ne point ajouter foi « à des rapports exagérés dictés par l'intérêt de ceux qui les font [2] ».

[1] *Loc. cit.*, Suède, Correspondance, t. 294, f° 298; Alquier à Champagny, 9 novembre 1810.
[2] *Loc. cit.*, Suède, Correspondance, t. 294, f° 283; Bernadotte à Napoléon,

Entre temps, Lagerbielke, ministre de Suède à Paris, ayant protesté contre la saisie à Rostock de huit bâtiments suédois, chargés de denrées coloniales, Napoléon perdit toute mesure et, ayant mandé ce diplomate à Fontainebleau, lui reprocha avec une violence inouïe la violation du blocus continental et lui déclara que si la Suède ne déclarait pas la guerre à l'Angleterre, Lagerbielke quitterait Paris immédiatement et Alquier rentrerait en France [1].

III

LA SUÈDE DÉCLARE LA GUERRE A L'ANGLETERRE

Lorsque l'alternative imposée par Napoléon fut connue à Stockholm, et qu'Alquier menaça de partir dans cinq jours [2], l'affolement fut à son comble dans le conseil. Confisquer les marchandises anglaises était possible, fermer les ports aux neutres ou soi-disant neutres, l'était moins, à cause de l'étendue considérable des côtes suédoises et des innombrables ports naturels qu'elles offraient; on pouvait toutefois l'essayer, mais déclarer ouvertement la guerre à la nation anglaise pouvait amener la ruine complète de la Suède. Les bâtiments suédois se trouvant dans les ports anglais seraient confisqués; le change, déjà si bas, tomberait encore davantage et causerait de nombreuses faillites, l'écoulement des fers et des bois serait arrêté, les douanes, principale source des revenus de l'État, ne donneraient plus rien; les arsenaux sont vides, l'armée désorganisée, il faut sept à huit millions pour rétablir la puissance défensive du pays, et le Roi ne peut ordonner de nouveaux impôts sans le concours de la Diète; les fortifications de Carlskrona sont en mauvais état,

---

[1] 11 novembre 1810. Cette lettre a été publiée par Bail, op. cit., p. 79, et par Montgaillard, t. VII, p. 69.

[2] Lagerbielke transmit à son cabinet le récit détaillé de cette scène et il a été publié par Bail, op. cit., p. 59.

[3] Note remise par Alquier, le 13 novembre 1810.

les Anglais pourront donc sans peine détruire les restes de la flotte suédoise; enfin, le sel fourni par l'Angleterre, venant à manquer, la population sera réduite à la dernière misère.

Avouons-le, la situation de la Suède était des plus pénible; il fallait qu'elle optât entre la brouille complète avec Napoléon, c'est-à-dire la perte immédiate de la Poméranie suédoise, ou la guerre avec l'Angleterre et tous les maux dont nous venons de tracer le tableau.

On sait que Bernadotte sortit de la salle du Conseil lorsqu'on discuta cette question; le prince royal ne voulait pas influencer ses résolutions. Malgré cette abstention, on obéit aux injonctions de l'Empereur[1], car on en était arrivé à craindre sa colère plus que toute autre chose au monde. Le Roi déclara la guerre à l'Angleterre, le 17 novembre, et ordonna la saisie des denrées coloniales en entrepôt et la fermeture des ports à tous les neutres sans exception; enfin, défense fut faite de recevoir les paquebots anglais.

Le cabinet de Londres ne prit pas au sérieux cette levée de boucliers, il la tint pour non avenue et poussa la générosité jusqu'à autoriser les cinq cents navires suédois en chargement dans les ports britanniques à compléter leurs cargaisons et à quitter librement les eaux anglaises[2]. Cette conduite était intéressée, car si l'Angleterre faisait la guerre à la Suède, elle se privait d'un débouché, difficile mais pourtant pas impossible et aggravait ainsi sa propre situation. De son côté, le gouvernement suédois ne poursuivit que mollement la confiscation des marchandises anglaises.

Il ne pouvait faire autrement; en effet, les familles nobles les plus influentes possédaient les mines de fer et de cuivre formant la principale richesse du pays; ces produits ne pouvant trouver leur écoulement qu'en Angleterre, une rupture effective avec cette puissance ruinait du même coup toute la noblesse. Or, celle-ci tenait l'armée par la possession de presque tous les

[1] Cf. Charles SCHEFER, *Bernadotte roi*, p. 63.
[2] *Loc. cit.*, Suède, Correspondance, t. 203, f° 70.

grades. Les marchands, dont plusieurs avaient acquis des fortunes énormes par le trafic des denrées coloniales, jouissaient d'un crédit illimité qu'ils devaient à des largesses habilement distribuées, ils dominaient en cour et recevaient une large part des faveurs et des distinctions honorifiques. Ainsi, en 1811, les ordres les plus influents[1], la noblesse et les marchands, étaient attachés à l'Angleterre par le lien le plus puissant, celui de l'intérêt et cette coalition, appuyée sur l'armée, dominait le gouvernement du faible Engeström et du plus faible encore Charles XIII[2]; elle pouvait même les renverser s'ils contrecarraient trop ouvertement ses vues. Napoléon, maître absolu d'un immense empire, ne pouvait apprécier à leur juste valeur les difficultés auxquelles le cabinet suédois était aux prises et il exigeait de lui une conduite qu'il ne pouvait tenir sans danger.

L'Empereur croyait avoir atteint son but en forçant la Suède à déclarer la guerre à l'Angleterre, il eût été logique qu'il l'aidât à la faire d'une manière efficace.

Bernadotte, arrivé à Stockholm depuis deux mois et ne connaissant pas encore à fond la situation économique du pays, était plein de zèle pour la cause française; il venait encore de proposer la saisie des marchandises anglaises et voulait que l'on fît une guerre sérieuse à l'Angleterre. Les dépêches d'Alquier à cette époque ne laissent aucun doute à cet égard.

En novembre et décembre 1810, le prince royal écrivit quatre lettres à Napoléon, il le suppliait de lui envoyer des secours :

« Forcés par Votre Majesté de déclarer la guerre, nous nous tournons vers Elle. Nous lui offrons des bras et du fer et nous lui demandons, en retour, les moyens que la nature nous a refusés[3]. »

---

[1] Les deux derniers ordres de la Diète étaient le clergé et les paysans, de beaucoup les moins influents.
[2] Ce monarque pleurait pour les motifs les plus futiles et Engeström l'imitait. On voyait avec étonnement et pitié ce ministre, qui était d'une taille et d'une force colossales, verser d'abondantes larmes en toute occasion. Alquier à Champagny, *passim*.
[3] Ces quatre lettres des 11, 19 novembre et 8, 19 décembre 1810 ont

Ce langage, plein de sens et de logique, ne produisit aucun effet sur Napoléon, peut-être parce qu'il venait de Bernadotte[1]. Il fit répondre, par l'organe d'Alquier : « Je suis satisfait de la décision de la Suède, j'accorde l'entrée de tous les ports de mon empire à ses produits, je l'autorise à prendre les miens y compris le blé; mais, en échange, il me faut deux mille marins pour monter quatre vaisseaux à Brest; je consens aussi à passer un traité d'alliance, mais un régiment suédois prendra du service dans mes armées. Il faut, enfin, que la Suède accepte le tarif du 5 août 1810 pour les denrées coloniales saisies. Quant à Bernadotte, il ne doit plus écrire à l'Empereur, on ne lui répondra point jusqu'à ce qu'il soit Roi; pourtant Alquier doit lui témoigner tous les égards possibles[2]. »

— Eh quoi! répondit Engeström, vous me demandez des soldats et des matelots à un moment où la guerre avec l'Angleterre va nous forcer à utiliser toutes nos forces, et d'ailleurs, il faut l'autorisation de la Diète pour faire sortir les troupes du territoire suédois; toutefois, si l'Empereur le désire, nous lui enverrons des officiers. Il faut aussi que la Diète nous autorise à frapper d'un tarif nouveau les denrées importées. L'Empereur ignore-t-il donc que la Constitution nous force à soumettre aux États toutes les questions financières et militaires? Quant au blé que vous nous offrez, sachez que les progrès de notre agriculture nous permettent d'en exporter nous-mêmes.

Bernadotte fut plus catégorique encore avec Alquier; l'idée d'une alliance lui souriait beaucoup, mais la demande d'un régiment dans les circonstances actuelles le mit en colère.

— Quel avantage trouverai-je à envoyer un régiment se mettre en ligne avec ceux de la France?

— Mais celui de former des officiers à la première école de l'Europe, reprit Alquier.

été publiées par BAIL, *op. cit.*, p. 79, 81, 84 et 94, et aussi par d'autres historiens, soit en totalité, soit en partie.

[1] C'est l'opinion de SUREMAIN, *Mémoires*, p. 285.
[2] *Loc. cit.*, Suède, Correspondance, t. 294, f⁰ˢ 384 et 392; Champagny à Alquier, 22 et 26 décembre 1810.

— Apprenez, monsieur, que l'homme qui a formé par ses leçons et ses exemples une multitude d'officiers particuliers et généraux en France, peut suffire à l'instruction et au perfectionnement de nos armées!

Et dans le conseil des ministres, il s'écria :

— Cette main se sécherait plutôt que de signer l'ordre de faire sortir un seul homme du royaume[1]!

Ces boutades peignent Bernadotte tout entier, et pourtant, à quelques jours de là, il donnait 30 000 francs de sa cassette personnelle à des journalistes pour mettre un terme à leurs attaques contre la France[2].

IV

ALQUIER ET TZERNICHEFF

Il est incontestable que l'attitude personnelle d'un ambassadeur et sa manière de transmettre les désirs ou les requêtes de son cabinet exercent une certaine influence sur les relations d'État à État. Tous les historiens ont reproché à Alquier d'avoir manqué de tact et de mesure, et surtout d'avoir énoncé trop sèchement les injonctions de l'Empereur.

Représentant d'un maître despotique, il affectait de copier ses manières sur les siennes en les exagérant et sa façon de présenter ses requêtes blessait profondément l'amour-propre excessif de Bernadotte, sans toutefois suffire à l'éloigner de la France[3], comme nous le verrons bientôt. La conduite d'Alquier est d'autant moins excusable que, dès la fin de décembre 1810, la rupture entre la France et la Russie était considérée à Stock-

---

[1] *Loc. cit.*, Suède, Correspondance, t. 295, f° 14; Alquier à Champagny, 6 janvier 1811.

[2] *Loc. cit.*, Suède, Correspondance, t. 295, f° 42; Alquier à Champagny, 18 janvier 1811.

[3] Bernadotte l'écrivit lui-même à Napoléon, le 24 mars 1812. Cf. BAIL, *op. cit.*, p. 108.

holm comme inévitable dans un avenir plus ou moins éloigné. Mais Alquier était irrité de la manière illusoire avec laquelle la Suède appliquait le blocus continental, et cette considération semble lui avoir fait perdre de vue que son véritable rôle n'était pas de s'insurger au sujet de quelques cargaisons de denrées coloniales, mais d'empêcher par l'usage d'une diplomatie adroite la Suède de retomber dans la dépendance de l'Angleterre et de s'allier à la Russie contre nous. On peut dire pour sa défense que Napoléon a commis la même erreur et par une antipathie fondée sur les anciens torts de Bernadotte envers lui, se plaisait à l'isoler, à l'humilier, à éloigner de lui tout ce qui pouvait lui rappeler la France et servir de contre-poids à l'influence russe. La privation de sa principauté de Ponte-Corvo, qui le laissait presque sans ressources, et le rappel définitif de ses aides de camp français Sevret et Gentil de Saint-Alphonse [1], qui connaissait les langues du Nord, indisposa Bernadotte, le chagrina tout autant que le refus de répondre à ses lettres, refus donné dans une forme peu agréable [2].

Dans une lettre à Pauline Borghèse, Bernadotte exhale ses plaintes et ajoute : « Je n'ai d'espérance que dans l'Empereur ; s'il ne vient pas à notre secours, ce pays est perdu sans ressources. Dites-lui qu'il daigne se pénétrer de notre position et qu'il borne ses demandes à nos facultés [3]. »

Tout autre fut la conduite d'Alexandre Ier ; pour flatter le prince royal, il lui envoya, au début de décembre 1810, le colonel Tzernicheff, en route pour Paris. On lit dans le rapport de cet officier à Alexandre [4], que Bernadotte fit de grandes protestations d'amitié envers le Tzar, témoigna le désir de toujours être uni à lui, mais ne promit rien au delà de ces banalités, obligées en la circonstance. Il fut exubérant, comme de coutume, mais

[1] Ces diverses décisions sont des 12 et 18 décembre 1810.
[2] *Loc. cit.*, Suède. Correspondance, t. 204, f° 402; Champagny à Alquier, 22 décembre 1810.
[3] *Revue historique année 1888* : La diplomatie russe à Stockholm.
[4] Rapport de Tzernicheff, du 7 décembre 1810; in *Revue historique année 1888*.

ne prit aucun engagement, car il était loin alors de songer à rompre avec Napoléon.

Tzernicheff fit connaissance avec Alquier à un dîner que ce ministre donna au corps diplomatique. Alquier lui dit que le prince royal prenait une fausse route et se comportait d'une manière très indiscrète en se permettant sur le compte de l'Empereur beaucoup de propos qui pouvaient le blesser. Remarquons, toutefois, que dans sa correspondance avec Champagny, Alquier ne fit jamais la moindre allusion à ces propos.

En général, ajoute Tzernicheff dans son rapport au Tzar, Alquier s'exprima sur le compte du prince royal d'une manière tout à fait inconcevable, en disant : « qu'au fond, c'était un bon diable, un bon homme qui même n'était pas dénué de moyens, mais que c'était une tête du Midi, qui avait des idées trop volcaniques. »

Tzernicheff répondit à Alquier que Bernadotte ne plaisait pas beaucoup aux commerçants, mais que lui et le gouvernement suédois avaient prouvé par la promptitude de leurs déterminations combien ils désiraient faire ce qu'exigeait l'Empereur.

Alquier reprit que, malgré cela, il existait beaucoup d'escamotage et qu'il ne pouvait s'imaginer à quel point la nation suédoise méritait d'être nommée les Gascons du nord. Deux jours plus tard, il lui renouvela ces appréciations déplacées.

La manière de vivre de notre ministre n'était pas celle du représentant d'une grande nation. Peu fortuné (9 000 livres de rentes), souffrant de la goutte, ayant renoncé à être jamais nommé sénateur, il cherchait par tous les moyens à économiser sur son traitement. Sous le rapport des mœurs, Alquier donnait un fort mauvais exemple. « Il est entouré, absorbé par une Napolitaine qu'il a amenée d'Italie et avec laquelle il vit. Cette femme, jeune et jolie, veut, de son côté, assurer à elle et à un enfant qu'elle a eu du baron (Alquier) une existence. Elle est à la tête du ménage. Il en résulte une parcimonie intérieure et des scènes domestiques, qui se racontent, s'exagèrent et fait jaser toute la ville. Le ministre de France, qui, dans le Nord surtout, devrait donner souvent à dîner, ne voit personne. Il n'a qu'une seule voiture de remise, changeant fréquemment de domestiques, ayant toujours des difficultés sur les comptes, mémoires qui lui sont présentés et passant enfin pour fort mal payer [1]. »

La présence de la maîtresse d'Alquier dans sa propre demeure produisit un incident. Pour célébrer la naissance du Roi de Rome, il donna une soirée et lança trois cents invitations; or, la vieille reine, épouse de Charles XIII, instruite qu'il avait chez lui une femme, avait résolu de ne pas se rendre à cette fête. Bernadotte intervint, en faisant observer à la reine qu'officiellement elle ne devait pas savoir qu'il y eût une femme chez Alquier, et que, dans tous les cas, on devait présumer que cette dame ne paraîtrait pas. Sa Majesté décida donc d'assister à la soirée [2].

Alquier recherchait la société du colonel de Suremain, et semblait heureux de rencontrer un compatriote, aide de camp du Roi et honoré de sa confiance la plus complète. Suremain essayait d'adoucir ce que le ministre de France avait de trop rude, intervenait en faveur de la Suède et suppliait que Napoléon fermât les yeux sur les petites infractions au blocus continental, en rappelant la promesse que, disait-il, Champagny lui avait faite l'année précédente à ce sujet [3].

Malgré sa qualité de Français, Suremain, dans ses *Mémoires*, s'exprime assez défavorablement sur Alquier.

« Sa dignité, quand il voulait faire l'ambassadeur, ressemblait à de la morgue; puis il retombait assez vite dans des habitudes bourgeoises. On aurait pu le croire bon homme, si sa figure n'eût annoncé tout le contraire ».

[1] Archives nationales, AF IV, 1700. Extrait d'un rapport envoyé par Davout, de Hambourg, 28 janvier 1811, pour être mis sous les yeux de l'Empereur tout seul.
[2] Archives nationales, AF IV, 1700. Extrait d'une lettre du secrétaire intime de Bernadotte, ouverte à la poste, 5 avril 1811.
[3] Rappelons que Suremain avait été envoyé à Paris, en 1809, par Charles XIII, pour essayer d'opérer un rapprochement avec Napoléon; il prépara les voies à la mission de Lagerbielke et d'Essen.

Parfois, le ministre de France, s'abandonnant, laissait errer ses souvenirs.

— Voyez, disait-il à Suremain, voyez ce que c'est que la fortune et quel est l'effet du temps et de l'expérience. Votre prince royal a été un fougueux jacobin et le voilà sur les marches du trône! Mais moi-même n'ai-je pas eu le malheur d'être conventionnel [1] et me voilà baron [2]!

Suremain soupçonna Alquier d'avoir dit à Bernadotte que son intention à lui Suremain était de quitter la Suède à la mort de Charles XIII, et leurs relations cessèrent momentanément. Elles reprirent pourtant et, dans les premiers jours d'avril, Alquier fit à Suremain une ouverture hardie : il lui demanda d'user de son influence pour inciter le vieux Roi à abdiquer en faveur de Bernadotte, qui, devenant ainsi libre de ses mouvements, pourrait gouverner sans entraves selon les vues de l'Empereur.

Napoléon récompenserait Suremain et Alquier ajoutait : « Vous aurez et vous serez ce que vous voudrez en servant ce projet [3] ».

Suremain repoussa avec indignation cette proposition offensante pour ses sentiments de fidélité envers Charles XIII, il crut que l'initiative venait de Napoléon; pure supposition, car la correspondance diplomatique ne contient rien de semblable. Alquier seul en était l'auteur, mais elle correspondait fort bien au but que ce ministre poursuivait, savoir : de ramener définitivement la Suède dans l'orbite de la politique impériale. Remarquons que Bernadotte avait été investi de la Régence, le 17 mars précédent; les insinuations d'Alquier parvenues en haut lieu ne furent peut-être pas étrangères à cet événement.

La femme du prince royal et son jeune fils Oscar arrivèrent

---

[1] Député à la Constituante et à la Convention, Alquier avait voté la mort de Louis XVI.
[2] SUREMAIN, op. cit., chap. VIII, passim.
[3] SUREMAIN, op. cit., p. 246.

à Stockholm, le 6 janvier 1811 [1]. Le passage de cette princesse à Copenhague y laissa un souvenir défavorable. Accueillie par la cour danoise avec une splendeur royale, Désirée Clary se montra pendant le dîner d'une taciturnité tout à fait désobligeante et à peine obtint-on qu'elle prononçât quelques paroles. Au concert du soir, elle montra un tel dégoût que la reine, la croyant malade, lui dit :

— Mais, assurément, vous êtes incommodée?

— J'ai la migraine, ce qui m'arrive toujours lorsque je m'ennuie. Mais, madame, vous devriez bien renvoyer cette musique qui ne finit pas et qui m'est insupportable!

Invitée à souper dans les termes les plus obligeants par les souverains, la princesse refusa sèchement et s'en alla coucher [2].

Tous les historiens qui se sont occupés de la Suède à cette époque ont constaté que la femme de Bernadotte exerça sur son mari une certaine influence en faveur de la politique de Napoléon; la correspondance diplomatique en fait foi. Elle trouvait d'ailleurs un terrain bien préparé et, nous le répétons encore, le prince royal était alors encore tout à son ancien maître.

V

INTRIGUES RUSSES.

Un incident survint à Stockholm, qui attira sérieusement l'attention de l'Empereur. Alquier mandait, le 7 mars, que cinq jours auparavant, un officier russe, venant de Saint-Pétersbourg,

---

[1] Léonce PINGAUD, *op. cit.*, p. 129, fait arriver le prince Oscar à Stockholm, en même temps que son père, le 2 novembre 1810.

[2] *Loc. cit.*, Suède, Correspondance, t. 295, f° 25; Alquier à Champagny, 12 janvier 1811; — B. HOCHSCHILD, *Désirée Clary, reine de Suède*; — ANONYME, *La femme de Bernadotte*; — comtesse D'ARMAILLÉ, *Désiré Clary*, p. 164, fait arriver D. Clary, à Stockholm, en 1810. Aucun de ces trois ouvrages ne contient la moindre allusion à la soirée de Copenhague.

avait passé vingt-quatre heures dans la capitale suédoise, puis était allé s'embarquer, probablement à l'île d'Anholt. Il portait une lettre du Tzar au prince de Galles. Dans cette missive, Alexandre disait qu'il voyait bien qu'on voulait l'endormir à Paris, mais que la guerre avec la France était probable, et que, dans l'état actuel des choses, il attachait un grand prix à connaître les intentions du régent d'Angleterre, afin d'arrêter les dispositions d'un plan de campagne, se liant avec les mouvements des Anglais en Espagne[1].

Napoléon justement ému, mais doutant de la réalité de la chose, ordonna, sans perdre un instant, à Alquier de savoir la vérité complète sur cette affaire et de dire de qui il tenait le texte de la lettre d'Alexandre au prince de Galles. Notre ministre avoua alors que les détails de cette mission avaient été envoyés de Saint-Pétersbourg par un agent secret de la cour de Suède, agent très bien payé, qui les obtint par deux employés de la chancellerie russe. De plus, l'officier russe avait dit à une femme de Stockholm qu'il allait en Angleterre, et le gouvernement suédois avait la certitude que réellement ce messager s'était embarqué à Anholt sur un vaisseau britannique.

Alquier avait appris tous ces détails par un aide de camp de Bernadotte, le colonel Sevret qui, rappelé en France comme ses camarades en décembre précédent, n'avait pu partir pour raison de santé. Sevret transmettait à Alquier d'autres renseignements très importants, et notamment lui donna copie des lettres que Stedingkt, ministre de Suède à Saint-Pétersbourg, adressait à Charles XIII; il le tenait aussi au courant de tout ce qui se passait dans l'entourage de Bernadotte[2]. Cette source de renseignements, si utile et si sûre, convenait tellement à Alquier, qu'à deux reprises il sollicita de Napoléon l'autorisation de laisser Sevret auprès du prince royal[3]. L'Empereur ne daigna

[1] *Loc. cit.*, Suède, Correspondance, t. 295, f° 160; Alquier à Champagny, 7 mars 1811.
[2] *Loc. cit.*, Suède, Correspondance, t. 295, f°° 150-193, et 220.
[3] *Loc. cit.*, Suède, Correspondance, t. 295, f°° 150-151; Alquier à Champagny, 25 et 26 février 1811.

pas faire répondre à cette requête et Sevret dut enfin quitter Stockholm le 12 mai, dans un état de santé des plus précaire.

Tout s'achetait à Stockholm, même les secrets d'État ; c'est ainsi qu'Alquier faisait copier à la poste les dépêches de Tarrach, ministre de Prusse, au roi Frédéric-Guillaume. Ces dépêches, incomplètement déchiffrées parfois, sont assez intéressantes [1].

Alquier avait fort à faire pour contre-balancer l'influence sans cesse grandissante de la Russie auprès de la cour suédoise. Elle se manifestait surtout depuis l'Ukase du 31 décembre 1810 et celui relatif aux neutres [2]. Dans une remarquable dépêche du 18 janvier 1811, notre ministre prédit le changement de front que Bernadotte, attiré par les flatteries d'Alexandre, pourrait bien exécuter un jour. Suchtelen, ministre russe en Suède, qui tout récemment encore se répandait en sarcasmes et en plaisanteries sur le compte du prince royal, était devenu subitement obséquieux, et comme Alquier représentait au prince le danger qu'il courrait si la France et la Russie venaient à se brouiller, celui-ci s'écria :

— Ah, oui dà! vous croyez que j'ai quelque chose à craindre de la Russie, vous donnez là dedans; que vous êtes dans l'erreur! Sachez qu'il ne tiendrait qu'à moi de me jeter tout à l'heure dans les bras de la Russie et de l'Angleterre! Demandez à Suchtelen, s'il voulait vous dire ce qu'il a dans l'âme [3]!

Mais aussi quelle différence entre les représentants des deux nations rivales, celui de France raide, cassant presque, parlant en maître et exigeant l'impossible; celui de Russie, poli, insinuant, flattant l'orgueil du prince royal, ne demandant rien

---

[1] *Loc. cit.* Suède, Correspondance, t. 295 et 296, *passim*.

[2] On sait que par ces décrets le Tsar autorisait l'entrée des vaisseaux américains dans ses ports et prohibait un certain nombre de produits manufacturés étrangers, notamment les draps et les soieries venant de France.

[3] *Loc. cit.*, Suède, Correspondance, t. 295, f° 36; Alquier à Champagny, 18 janvier 1811.

qui ne fut conforme à la situation économique de la Suède. Pourtant, avant que Bernadotte se détachât complètement de Napoléon en avril 1812, il y eut des tiraillements, des hésitations, des retours, qu'il est intéressant de mettre en relief.

La question de la Norvège fut soulevée, pour la première fois, devant Alquier, au début de février; mais c'est une erreur de croire que l'idée de la conquête de ce pays vint de Bernadotte. Elle était de beaucoup antérieure. Gustave III avait possédé jadis l'évêché de Trondjem, formant la partie septentrionale presque entière de la Norv'ge, et lorsque Bernadotte fut sollicité de venir en Suède, le comte Platen lui fit remettre un mémoire à ce sujet; le futur prince y donna son assentiment. La question se posait ainsi en mars 1811 : la Suède armait 50 000 hommes, elle sollicitait l'alliance de la France éventuellement contre la Russie, en échange de quelques facilités dans l'exécution du blocus continental, et d'une promesse d'acquisition de la Norvège; le Danemark devait recevoir, comme compensation, la Poméranie suédoise d'abord; puis une autre portion de l'Allemagne du Nord à trouver. Alquier concluait ainsi : « Si l'Empereur veut compter la Suède au nombre de ses alliés, il faut donner une marque de son appui au prince royal, qui pourra alors saisir le pouvoir d'une manière effective[1]. »

Certes, il aurait été cruel de consentir à la dépossession de son allié fidèle, le roi de Danemark; mais attendu qu'on pouvait l'indemniser ailleurs, on eût été autorisé à ne point en faire une question de pur sentiment; et d'ailleurs, l'alliance de la Suède, placée sur le flanc de la Russie, à laquelle Napoléon s'apprêtait à déclarer la guerre, valait mille fois mieux que celle du Danemark, au cas très improbable où on se brouillerait avec le Roi danois. L'Empereur refusa de discuter les propositions de Bernadotte, ce qui est d'un grand caractère plutôt que d'un politique habile; malheureusement, il le fit dans des termes offen-

---

[1] *Loc. cit.*, Suède, Correspondance, t. 295, f° 83; Alquier à Champagny, 5 février 1811.

sants pour l'amour-propre suédois. « Le prince royal manque de suite, de mesure et de tenue. Il n'y a aucune suite à donner aux ouvertures qui vous ont été faites par le prince royal; l'Empereur est trop puissant pour avoir besoin du concours de la Suède. Vous aurez soin de garder beaucoup de réserve dans vos rapports avec le prince. Vous ne lui parlerez jamais d'affaires, et vous vous adresserez habituellement au Roi ou au Cabinet. »

Alquier devait, en outre, dire « que Sa Majesté ne fondait plus rien sur la Suède, qu'Elle n'exigeait ni ne voulait plus rien d'elle, qu'il fallait blâmer les armements et être au mieux avec le ministre du Danemark [1] ».

Un mois plus tard, c'est-à-dire au milieu d'avril, Alquier déclara par ordre formel de l'Empereur, que si un seul bâtiment neutre, chargé de denrées coloniales, pénétrait dans le port de Stralsund, les troupes françaises occuperaient ce port [2].

VI

INTENTIONS DE BERNADOTTE ENVERS LA FRANCE

Ces déclarations d'Alquier ne pouvaient venir plus mal à propos, Bernadotte étant en ce moment plus porté que jamais vers la France.

---

[1] *Loc. cit.*, Suède, Correspondance, t. 295. f° 158; Champagny à Alquier, 26 février 1811.

[2] Napoléon à Champagny, 25 mars 1811, et Champagny à Alquier, 28 mars 1811.

Gentil de Saint-Alphonse, aide de camp de Bernadotte, rappelé à Paris, comme nous l'avons dit plus haut, y arriva le 11 février et fut reçu par l'Empereur, auquel il remit un rapport sur la Suède à cette époque. On y lit cette phrase dans la bouche de Bernadotte : « Il est possible que les mouvements politiques de l'Europe nous donnent un jour la Norvège, mais, dans ce cas, c'est de l'Empereur que je veux la tenir et vous pouvez lui dire que je ne ferai jamais rien à cet égard, sans sa participation. »

Une lettre de Gentil à Bernadotte, du 19 février 1811, ouverte, copiée et recachetée sur son bureau, en son absence, dut prouver à Napoléon qu'à

L'influence de sa femme n'était pas étrangère à ces sentiments, les fonctions de régent du royaume, dont il venait d'être investi (17 mars 1811) allaient lui permettre de gouverner personnellement[1]. Il dit à Alquier : « Je serai Français tant que l'Empereur ne m'aura pas forcé de croire qu'il m'oublie et qu'il m'abandonne. »

Sa lettre au gouverneur de Carlscrona, lui ordonnant de défendre ce port contre les attaques éventuelles des Anglais, est conçue dans des termes qui ne laissent aucun doute sur les sentiments de Bernadotte envers Napoléon[2].

Passant de la parole aux actes, il fait chasser de Stockholm, Arm-

cette époque Bernadotte était tout dévoué à ses ordres; mais elle nous permet en revanche de constater que Napoléon était plus mal disposé que jamais contre son ancien lieutenant. Archives nationales, AF IV, 1700.

[1] La seule lettre que Napoléon adressa à Bernadotte, après son arrivée en Suède, le fut à cette occasion, 6 avril 1811; elle est courte et très insignifiante. BAIL, op. cit., p. 88, donne une longue lettre du 8 mars 1811, adressée par Napoléon à Bernadotte, dans laquelle l'Empereur lui promet son amitié et lui offre *vingt* millions de denrées coloniales.

Elle a été acceptée sans discussion par Bignon, Beaumont-Wassy, Bernard Sarrans, Saint-Donnat, Touchard-Lafosse. Or, cette lettre ne se trouve pas dans la *Correspondance générale de Napoléon*. LECESTRE, t, II, p. 153, la reproduit sous la date du 8 août 1811, comme venant de *Tancrède Martel, Œuvres littéraires de Napoléon*; mais il fait des réserves quant à son authenticité.

En effet, la minute de cette lettre ne se trouve ni aux Archives des Affaires étrangères, ni aux Archives nationales; de plus elle ne s'accorde nullement avec la situation réciproque de Napoléon et de Bernadotte, au début de mars 1811. L'Empereur était alors très irrité contre Bernadotte, témoin la lettre de Champagny à Alquier, du 26 février, que nous avons donnée, p. 22, et ces sentiments ne se modifièrent plus jusqu'aux propositions de mars *1812*, faites par l'entremise de Désirée Clary.

Remarquons aussi les contradictions et les erreurs que contient cette lettre donnée par Bail; Napoléon avait fait mander à Bernadotte qu'il ne répondrait plus à ses lettres, avant qu'il fût roi; de plus, il est question du comte d'Essen, en qualité de ministre à Paris; or, ce personnage quitta Paris en mars *1810*. Cf. notre étude sur l'*Élection de Bernadotte*.

Pour trancher cette question, nous avons demandé, par l'entremise du ministre de France à Stockholm et par celle du ministre de Suède à Paris, si *l'original* de la lettre du 8 mars 1811 était dans les Archives de Stockholm. Nous n'avons point reçu de réponse précise. (Lettres des 4 et 24 décembre 1906.)

Il en faut conclure que la lettre publiée par Bail est apocryphe.

[2] *Loc. cit.*, Suède, Correspondance, t. 293, f° 190, 30 mars 1811.

feld, le Finlandais devenu Russe, qui intriguait dans cette ville, ordonne la saisie des denrées coloniales entreposées à Gothembourg, offre spontanément un régiment suédois à l'Empereur, communique à Alquier des renseignements circonstanciés sur les troupes que les Anglais envoyaient à l'armée de Portugal, enfin envoie au baptême du roi de Rome le comte de Brahé, le plus illustre représentant de la noblesse suédoise, pour déposer l'ordre des Séraphins dans le berceau de l'Impérial Enfant.

Lagerbielke, ministre à Paris, s'est compromis par ses déclarations en faveur de la Russie, et par la société qu'il fréquente ; on le rappelle et son remplaçant sera le baron de Cedersheim, bien connu pour ses sentiments francophiles [1]. Par suite de la brouille survenue en juillet suivant entre Alquier et le cabinet suédois, Cedersheim ne vint pas à Paris, et jusqu'en 1813, d'Ohsson fut chargé de gérer les affaires de la Légation. Bernadotte donna également des ordres pour fortifier l'île de Rugen, dans la Poméranie suédoise, et envoya trois mille hommes de ses meilleures troupes pour renforcer la garnison de cette province. Seulement, comme il manquait de fusils pour armer les recrues, il demanda à l'Empereur de lui en vendre quelques milliers, mais n'obtint pas de réponse.

De la Norvège, il ne parlait plus à Alquier; l'évêché de Trondjem, possédé par Gustave III, il y avait vingt ans à peine, suffirait à satisfaire les ambitions suédoises, et encore, il aimerait mieux reprendre la Finlande aux Russes.

Tels furent les premiers actes de Bernadotte lors de sa prise de possession de la Régence, et étant donné le caractère même de ce prince, il est impossible de croire qu'il avait voulu abuser l'Empereur sur ses sentiments véritables et lui donner le change. Il avait des défauts, mais pas celui de l'hypocrisie. L'histoire a suffisamment flétri sa conduite en 1813 envers la France, pour

[1] *Loc. cit.*, Suède, Correspondance, t. 295, f⁰⁵ 170, 181, 206, 215, 231.

ne pas lui rendre la justice de reconnaître la sincérité de ses intentions au printemps de 1811 [1].

En échange de ces preuves de bonne volonté, Bernadotte ne demandait plus que deux faveurs. Sa requête est contenue dans ses deux lettres à Maret : elles sont inédites et intéressantes pour l'histoire des relations entre la Suède et la France à cette époque.

Monsieur le Duc,

Les anciennes relations d'estime et d'amitié qui ont existé entre nous, m'engagent à saisir l'occasion du départ de M. le lieutenant-colonel de Sevret, mon ancien aide de camp, pour vous informer de la part bien vive que j'ai prise à la nouvelle marque de confiance que Sa Majesté l'Empereur vient de vous accorder [2]. A cette satisfaction personnelle que j'éprouve se joint encore l'espérance que, par votre entremise, la France continuera à porter à la Suède cet ancien intérêt, qui lui fut si utile dans tous les temps, et qui a contribué à attacher, d'une manière si particulière, le peuple suédois à la nation française.

Les bontés que Sa Majesté a eues constamment pour moi, les liens qui m'attachent à Elle et à sa famille, me font désirer, bien vivement, de voir cimenter de plus en plus l'union qui existe.

L'attachement que vous m'avez toujours témoigné et plus encore les dispositions conciliantes qui vous caractérisent, me font croire que la Suède trouvera dans ses rapports d'amitié avec la France les avantages que sa constance et ses malheurs même semblent réclamer en sa faveur.

M. de Sevret et mes autres aides de camp français avaient été autorisés par l'Empereur à m'accompagner en Suède ; depuis, Sa Majesté les a tous rappelés, mais le mauvais état de la santé de M. de

---

[1] Montgaillard, *op. cit.*, t. VIII, p. 63, et après lui d'autres historiens, ont raconté que lorsque Bernadotte prit congé de Napoléon en 1810, il lui demanda de lui accorder quelque temps, afin de savoir jusqu'à quel point la Suède pourrait seconder les vues de l'Empereur.
— Combien de mois vous faut-il ?
— Jusqu'au mois de mai.
— Je vous l'accorde, à cette époque prononcez-vous ; ami ou ennemi.
La manière d'agir de Bernadotte au printemps de 1811 laisse croire que cette conversation eut lieu réellement, car c'est à ce moment précis qu'il donna les preuves les plus évidentes de son bon vouloir.

[2] Maret, duc de Bassano, venait d'être nommé ministre des Relations extérieures.

Sevret, qui a constamment été malade pendant son séjour ici, ne lui a pas permis de partir aussitôt que ses camarades. Je vous prie, monsieur le Duc, de lui accorder vos bons offices auprès de l'Empereur, afin que Sa Majesté ne voye dans ce retard que l'effet de la nécessité. M. de Sevret est un officier très attaché à ses devoirs, qui mérite la bienveillance de son gouvernement par de longs et honorables services, mais qui, malheureusement, n'est plus en état de les continuer d'une manière bien active, en raison du délabrement de sa santé. J'avais demandé pour lui et pour un autre de mes aides de camp, M. Gentil Saint-Alphonse, une prolongation de congé, afin de les conserver quelque temps encore près de moi. Si Sa Majesté Impériale daignait les autoriser à me rejoindre, ce serait une nouvelle faveur qu'Elle ajouterait à toutes les bontés qu'Elle a eues pour moi.

Sur ce, je prie Dieu, monsieur le Duc, qu'il vous ait en sa sainte et digne garde.

Votre affectionné,   CHARLES-JEAN.

Stockholm, le 12 mai 1811.

MONSIEUR LE DUC,

Je prie M. le comte de Fermont de mettre sous les yeux de S. M. l'Empereur et Roi les pertes que j'éprouve par suite de la nécessité où je me suis trouvé de renoncer aux biens qui composaient ma dotation, comme maréchal de l'Empire et prince de Ponte-Corvo. La magnanimité de l'Empereur, à laquelle je me confie, m'est un sûr garant que la décision de Sa Majesté me sera favorable.

Je vous prie, monsieur le Duc, de vouloir bien en parler à Sa Majesté, si l'occasion s'en présente. Mon élévation actuelle n'étant qu'une suite des hautes destinées de la France, il serait trop malheureux pour moi, qu'après les privations que j'ai éprouvées et les sacrifices que j'ai faits, je perdisse la récompense de trente années de bons services et de gloire militaire.

Sur ce, je prie Dieu, monsieur le Duc, qu'il vous ait en sa sainte et digne garde.

Votre affectionné,   CHARLES-JEAN[1].

Stockholm, 12 mai 1811.

En réalité le prince royal se trouvait dans une gêne pénible[2], avait toutes les peines du monde à tenir son rang, et ne pouvait

---

[1] *Loc. cit.*, Suède, Correspondance, t. 295, f° 315-317.

[2] Il avait essayé en vain d'emprunter 800 000 francs sur des cuivres qui

faire quelques largesses aux personnes qu'il eût désiré attacher à la cause française.

Alquier profitait personnellement des bonnes dispositions de la cour; elle voulut assister, en même temps que l'aristocratie suédoise, à une fête splendide que le ministre de France donna le 9 mai. Désirant l'avoir auprès de lui, pendant tout l'été, le vieux roi lui prêta une maison de campagne voisine de la résidence de Drottingholm. Alquier voyait tous les jours Bernadotte, et il le reçut une fois d'une manière somptueuse avec une société choisie. La plus grande cordialité régnait dans leurs rapports [1].

VII

PROJET D'ALLIANCE FRANCO-SUÉDOISE

Nous voici arrivés au moment le plus important de la mission d'Alquier en Suède, celui où fut proposée une alliance entre les deux pays; mais avant de résoudre cette question, Napoléon passa par diverses alternatives contradictoires.

Le 10 avril 1811, il faisait écrire à son représentant : « L'Empereur est au mieux avec la Russie, il n'y a pas de guerre possible entre ces deux nations. Sa Majesté ne répondra aux avances de la Suède que lorsqu'il saura si ses projets peuvent se concilier avec les siens [2]. »

Lorsque Alquier soutenait à Stockholm que la paix ne serait pas troublée dans le Nord, on l'écoutait par politesse, car on savait à quoi s'en tenir. La Finlande était dégarnie progressi-

---

se trouvaient à Stettin et appartenaient au gouvernement suédois. Archives nationales, AF IV, 1700. Puis, le 15 avril, il avait demandé à Napoléon de lui laisser transporter sans droits à Lubeck six millions de denrées coloniales saisies.

[1] *Loc. cit.*, Suède, Correspondance, t. 295. Lettre interceptée de Tarrach au roi de Prusse, 21 juin 1811.

[2] *Loc. cit.*, Suède, Correspondance, t. 295, f° 235; Maret à Alquier, 10 avril 1811.

vement de troupes russes, et personne n'ignorait que le Tzar se préparait à la guerre, car cinq divisions de l'armée du Danube remontaient vers la Pologne; la cour de Suède en fut avertie plus tôt que toute autre.

Lorsque Napoléon apprit cette nouvelle, il s'imagina que la Russie allait le prévenir, et changeant d'avis à cinq jours de date, il se décida à une alliance avec la Suède. Par son ordre, Maret mande à Alquier, le 15 avril : « La Russie fait des préparatifs; dans une telle circonstance, l'alliance de la Suède n'est pas à dédaigner. Alquier doit connaître les vues de la Suède, dire qu'on désirerait une alliance entre les deux pays; elle serait, en cas de guerre, dirigée contre la Russie; le recouvrement de la Finlande en serait le but. La France y concourrait de tous ses moyens. Sonder le cabinet suédois, mais ne rien conclure, et dire à Bernadotte que l'Empereur est satisfait de lui, depuis qu'il a pris les rênes du gouvernement[1]. »

L'enthousiasme fut grand dans le conseil, lorsque ces nouvelles arrivèrent à Stockholm. Engeström se déclara prêt à lier la Suède à la France et demanda à connaître les stipulations du traité, le cas où les deux puissances contractantes pourraient réciproquement se requérir pour l'attaque et pour la défense; il promettait dès maintenant d'accepter les propositions de l'Empereur, car il ne doutait pas qu'elles fussent avantageuses pour la Suède. Bernadotte ne se sentait pas de joie. Soixante mille hommes, dit-il à Alquier, seront prêts en août, dont quarante mille au moins marcheront contre la Russie; il se mettra à leur tête et sera le fidèle lieutenant de l'Empereur ; ses ordres seront exécutés ponctuellement. Mais, comme cet accroissement de troupes dépassera la puissance financière de la Suède, le prince royal compte sur la générosité de l'Empereur pour donner des subsides, dont il fixera lui-même le montant; le

---

[1] *Loc. cit.*, Suède, Correspondance, t. 295, f° 242; Maret à Alquier, 15 avril 1811. Le projet de cette dépêche du 15 avril portait ces mots : « Parler de l'amitié de l'Empereur pour le prince royal. » Napoléon les biffa de sa propre main.

Roi sera désintéressé; mais le meilleur moyen de secourir la Suède serait d'autoriser la vente en Prusse des denrées coloniales saisies à Stralsund.

Les généraux suédois s'enflammèrent à la nouvelle de l'alliance française, ils proposèrent à Alquier un plan de campagne fort bien conçu pour l'automne et l'hiver 1811-1812. On contournerait le golfe de Bothnie, et on prendrait ainsi la Finlande à revers[1].

Quelles suites aurait eues une telle attaque des Suédois contre la Russie, un an plus tard?

Engeström attendait avec impatience la réponse de Napoléon et chacun croyait qu'elle serait la conclusion de l'alliance, car le cabinet suédois se soumettait d'avance à toutes ses conditions. On atteignit le milieu de juillet sans recevoir de nouvelles; les Suédois commençaient à être inquiets.

Enfin, une dépêche arriva de Paris, son contenu était plutôt désagréable.

C'était le cas, puisque l'Empereur invitait Bernadotte à conclure une alliance avec la France, de lui accorder les petites satisfactions qui lui eussent causé tant de plaisir, particulièrement le renvoi à Stockholm de ses deux aides de camp Gentil de Saint-Alphonse et Sévret: Napoléon ne fit même pas répondre à la lettre que Bernadotte avait écrite à Maret le 12 mai à cette occasion[2]. Ce refus de Napoléon s'explique d'autant moins que la femme de Bernadotte ayant quitté la Suède, le 4 juin, le prince royal se trouvait sans aucun Français de marque dans son entourage immédiat. En ne s'opposant pas au départ de la princesse, il semble que l'Empereur ait voulu systématiquement isoler Bernadotte de la France[3].

---

[1] Cette situation de la cour suédoise et de l'armée lors de l'annonce de l'alliance est exposée dans une dépêche d'Alquier à Maret, du 30 mai 1811. *Loc. cit.*, Suède, Correspondance, t. 295, f° 347.

[2] Nous avons donné cette lettre p. 25.

[3] Dans une lettre personnelle à Maret, du 3 juin, Alquier déplore cet état de choses et en fait ressortir le danger. (*Loc. cit.*, t. 295, f° 385.)

Sur la question d'argent, il fut plus facile, et accorda la vente de huit millions de denrées coloniales de Stralsund, mais sous une condition qui la rendait inacceptable pour l'honneur suédois, car elle mettait en doute la bonne foi du cabinet. Napoléon voulait que le consul de France surveillât étroitement la vente des denrées coloniales de Stralsund, et que le produit de cette vente restât jusqu'à nouvel ordre dans la caisse de cet agent[1]. C'était en somme accorder pour ne rien donner. La fierté du vieux Roi se révolta, il commença à douter de l'affection de l'Empereur pour la Suède, et comprit, à cette exigence inattendue, que Napoléon avait renoncé à l'alliance suédoise. Il ne se trompait pas; l'Empereur venait d'accomplir sa troisième volte-face depuis deux mois. Parvenu au milieu de juillet et voyant que les Russes ne faisaient point mine de l'attaquer, il renonçait définitivement à s'unir avec la Suède, au risque de la voir tomber dans la politique anglo-russe.

Il fallait donner un prétexte à ce changement d'attitude; on écrivit à Alquier que les troubles survenus en Scanie, à l'occasion de la levée des soldats, avaient mécontenté l'Empereur, que la Suède ne devait plus faire d'armements, et que la guerre avec la Russie était improbable. Napoléon savait bien qu'elle n'était que retardée d'un an, mais il trompait Alquier afin que celui-ci pût mieux tromper le cabinet suédois. De l'alliance, plus un mot dans cette importante dépêche du 19 juillet 1811[2].

VIII

LA NOTE DU 20 JUILLET

Au lieu du projet d'alliance tant désiré, Alquier remit à Engeström, le 20 juillet, une note inattendue dans laquelle l'insulte se joignait à la menace.

[1] *Loc. cit.*, Suède, Correspondance, t. 296, f° 71.
[2] *Loc. cit.*, Suède, Correspondance, t. 296, f° 80; Maret à Alquier, 19 juillet 1811.

« Le commerce avec l'Angleterre, écrivait le ministre de France, continue au grand jour à Gothembourg, Marstrand et autres ports. Depuis que l'amiral Saumarez croise dans la Baltique, un nombre considérable de navires suédois sont partis pour l'Angleterre avec bois, fers, cordages, goudron. Le général suédois de Tavast (gouverneur de Gothembourg) a été, le 23 mai, avec le consul anglais Smith à bord du navire de Saumarez et a conclu avec lui un traité pour l'approvisionnement de la flotte anglaise; il lui a promis cinq à six cents bœufs, dont cent cinquante ont déjà été livrés. Donc la Suède nourrit les ennemis de la France. Le consul d'Angleterre Smith habite toujours Gothembourg; trois cents bâtiments, dont beaucoup d'anglais, sont réunis à Wingo, sous la garde de Saumarez; des convois vont et viennent d'Angleterre en Suède; les Suédois approvisionnent également l'île d'Anholt, où mouille la flotte anglaise. » Tels sont les griefs, en partie fondés, en partie tout à fait faux, qu'exposait la note d'Alquier sous une forme plutôt blessante; mais voici qui dépassait toute mesure :

« Monsieur le baron, on n'est point à la fois l'ami de la France et celui de l'Angleterre; mon maître n'admet point de ces compositions pusillanimes. La Suède ne tient pas ses engagements, les personnes sages du royaume doivent répugner à cette politique misérable par laquelle on espère dérober aux regards de la France les relations journalières de commerce et d'amitié avec l'ennemi du continent, dont l'effet infaillible sera de replacer le gouvernement suédois dans la situation qui a produit la catastrophe du dernier Gustave [1]. »

Par suite de quelle aberration, Alquier, dont les réclamations et le ton d'arrogance avaient déjà fortement indisposé le cabinet

---

[1] Allusion au renversement de Gustave IV, prédécesseur de Charles XIII. *Loc. cit.*, Suède, Correspondance, t. 296, f° 85; Alquier à Engeström. Cette note ne figure pas dans le rapport imprimé présenté à Charles XIII, par Engeström, le 7 janvier 1813, à cause des termes outrageants qu'elle contient.

suédois, s'oublia-t-il au point de présenter une semblable note, inacceptable de la part du représentant d'une nation amie, incompatible avec les principes élémentaires de la diplomatie? Il manquait aussi à ses instructions, qui lui prescrivaient de présenter ses requêtes de vive voix ou par notes verbales, mais pas par notes signées. Le caractère même d'Alquier explique cet écart. Plutôt timide, faible et facilement impressionnable, sa conduite sous la Convention et plus tard à Rome et à Naples le prouve, ce diplomate était en ce moment, à Stockholm, dominé par de Dernath, ministre du Danemark. Animé, comme tous ses compatriotes, d'une haine violente contre la Suède, Dernath ne cessait d'exciter Alquier, de grossir à ses yeux les torts réels du gouvernement suédois. Les rapports entre Copenhague et Stockholm étant extrêmement tendus à cette époque, et Dernath en faisant son possible pour brouiller la France avec la Suède restait dans son rôle [1]. Alquier fut, sans avoir l'air de s'en douter, un instrument docile entre ses mains; d'où la remise de la note du 20 juillet, dont les suites furent si graves pour les deux pays.

Quant au consul de France à Gothembourg, il péchait comme tous les fonctionnaires de cet ordre sous l'Empire, par excès de zèle; pour se faire valoir, il exagérait l'importance du commerce interlope à Gothembourg; de ce côté encore Alquier ne sut pas faire la part du vrai et du faux, et crut aveuglément le consul, personnage du reste assez peu recommandable, comme on le verra plus loin [2].

Un ministre plus habile qu'Engeström se serait bien gardé de répondre sur le même ton à la note d'Alquier et aurait mis tous les torts du côté de son adversaire. Il ne put contenir sa colère et envoya cette réplique :

---

[1] *Loc. cit.*, Suède, Correspondance, t. 296. Des lettres de Tarrach au roi de Prusse, copiées à la poste de Hambourg, et figurant dans ce volume, confirment cette appréciation. La correspondance, elle-même, d'Alquier ne laisse aucun doute à cet égard.

[2] Voir la note, p. 36.

« Votre dernière lettre n'est pas rédigée dans des termes qui me permettent de la mettre sous les yeux du Roi. Vos expressions peu conciliantes m'ont fait penser que cette lettre était de votre propre mouvement. Cependant, pour ne point altérer la bonne harmonie qui existe entre votre gouvernement et le mien, je crois de mon devoir, comme ministre du Roi, de répondre à votre lettre dans l'ordre des paragraphes.

« Le Roi n'a point manqué à ses engagements envers l'Empereur. On fraude en Suède, mais il en est de même en France et les vins de Bordeaux passent ouvertement en Angleterre. Nous ne pouvons surveiller la mer et empêcher quelques bateaux d'aller porter du fer en Écosse; les rapports officiels démentent que des navires se soient formés en convois sous la protection des Anglais. La police a ordre de faire arrêter les commerçants qui ont approvisionné l'île d'Anholt. Il n'y a pas plus de consul anglais à Gothembourg qu'à Paris. La conduite de Tavast[1] ne peut être jugée que par son gouvernement, car nous ne sommes pas alliés à la France. Vous avez été mal renseigné par votre correspondant, car aucun Anglais n'est toléré ni à Gothembourg, ni ailleurs. Vous ne prouvez rien, donnez les noms des navires accueillis contrairement au blocus continental. Nos registres des douanes font foi. Vous dites que quatre bâtiments finnois ont été enlevés par les Anglais à Sandhamm, près de Stockholm, c'est comme si vous disiez que quatre bâtiments ont été enlevés à Guernesey, vis-à-vis de Paris. Je ne prétends pas relever une erreur géographique, je veux seulement faire apercevoir qu'il y a dans cet article aussi peu d'exactitude que dans les autres. »

Une phrase de la note était insultante pour Alquier et mettait son honorabilité en question. Il était venu au château royal, un jour à sept heures du matin, pour demander que l'on ne saisit pas un contrebandier français, la *Rosalie* de Dunkerque, et Engeström insinuait qu'en agissant ainsi, Alquier avait un

---

[1] Gouverneur de Gothembourg.

intérêt personnel à ce que le bâtiment fraudeur pût pénétrer en Suède. Imputation fausse, car ce bâtiment avait été volé à ses armateurs et emmené à Gothembourg, et Alquier voulait le ressaisir pour le livrer à la justice française.

Engerström terminait sa note par une déclaration de l'amitié de la Suède pour la France et rappelait que, pour se mettre à même de la mieux seconder, elle venait de dépenser huit millions pour armer ses côtes et incorporer vingt-cinq mille hommes de plus dans l'armée[1].

En résumé, le cabinet suédois avouait les rapports de Tavast avec les Anglais et l'approvisionnement de l'île d'Anholt; mais, en même temps, il annonçait la punition des coupables. Quant au commerce interlope, il répondait par des arguments sérieux, et demandait des preuves qu'Alquier ne s'était pas donné la peine de rechercher.

IX

LA MYSTIFICATION DU GÉNÉRAL TIBELL

Survint un incident qui par lui-même ne vaudrait pas la peine d'être mentionné s'il n'avait porté au plus haut point la colère de Napoléon et été une des causes déterminantes de la rupture virtuelle des relations amicales avec la Suède. Un officier suédois, le général Tibell[2], après avoir passé plusieurs années au service de la république cisalpine, était retourné dans son pays, et avait été annobli par Gustave IV. Il commandait le service topographique de l'armée; Alquier le fréquentait. Bernadotte, voulant savoir à quoi s'en tenir sur les rapports véritables des Anglais avec les Suédois, lui enjoignit de faire un voyage sur les côtes de Scanie et à Gothembourg, afin de s'assurer par ses propres yeux de ce qui se passait.

[1] *Loc. cit.*, Suède, Correspondance, t. 296, f° 110, août 1811.
[2] SUREMAIN, *Mémoires*, p. 219. Tibell fit une active propagande en faveur de l'élection de Bernadotte, en répétant partout que Napoléon était favorable à cette élection.

A son retour, Tibell remit au prince un mémoire exposant que les escadres anglaises stationnaient en face de Gothembourg et de Carlshamn et avaient été approvisionnées par les autorités suédoises, que la contrebande s'exerçait sur les côtes et que les lettres arrivaient régulièrement d'Angleterre, enfin que les Anglais allaient journellement à Gothembourg. Tout cela était connu depuis longtemps; mais Tibell raconta à Alquier l'histoire suivante : Le général, après avoir visité la forteresse de Carlshamn, s'avança d'environ trois lieues sur le littoral. Il y y fut arrêté par un cordon de hussards suédois qui l'avertirent qu'il ne pouvait pénétrer plus avant en raison d'une épidémie qui régnait dans cette contrée. Tibell imagina de dire à la sentinelle qu'il était le docteur Sparmann, chargé par le Roi de faire une enquête. Il passa donc et aperçut deux mille et quelques cents Anglais campés dans une presqu'île. Le prétendu docteur Sparmann fut bien accueilli par les officiers anglais avec lesquels il passa quelques heures et qui étaient parfaitement instruits de la mission confiée au général Tibell, qu'ils se proposaient de traiter rigoureusement s'il avait l'audace de paraître dans leur camp. Il y avait, toujours selon Tibell, en face de Carlshamn plusieurs vaisseaux de guerre anglais et une *forêt* de bâtiments de commerce (ce sont ses propres termes) destinés à conduire en Angleterre les produits suédois.

Alquier ajouta foi à cette histoire invraisemblable, et complètement abusé par Tibell, il se hâta d'en aviser l'Empereur[1]. Or, il n'y avait pas de camp anglais sur la côte suédoise, et Tibell, à l'instigation du ministre du Danemark très probablement, avait mystifié le ministre de France. Le rapport circonstancié que de Cabre, secrétaire de la légation de Stockholm, fit sur l'ordre de l'Empereur, après un voyage aux mêmes endroits que Tibell, ne contient nulle trace d'un tel établissement. Par contre, Alquier apprit que les Danois confirmaient l'existence du camp, sur les affirmations d'un officier prussien qui

[1] *Loc. cit.*, Suède, Correspondance, t. 296, f° 156; Alquier à Maret, 26 août 1811.

y était passé en allant en Angleterre ; mais on ne donnait ni le nom de l'officier prussien, ni aucune pièce authentique et d'ailleurs, l'animosité des Danois envers les Suédois empêchait d'apporter aucune créance à de telles histoires.

Mais voici qui est plus extraordinaire. Tibell alla en France pour affaires de famille au mois de mars suivant et à son retour en Suède il fut arrêté, l'histoire du camp anglais s'étant ébruitée. Sommé de dire la vérité, il avoua qu'il avait abusé de la crédulité d'Alquier, et qu'il n'y avait pas de camp anglais sur la côte suédoise. Le misérable supplia le Roi de ne pas le faire mettre en jugement, et lui écrivit une lettre (dont la copie est aux Affaires étrangères)[1] dans laquelle il déclare que dans deux voyages faits en 1811 sur la côte suédoise, il n'a pas vu de camp anglais.

Bernadotte voyageait en Scanie lorsque la note du 20 juillet et sa réponse furent échangées, il ne prit donc aucune part à cette querelle. A son retour à Drottingholm, Alquier s'empressa d'aller le voir et lui déclara que, trouvant la réponse d'Engeström inconvenante, il ne pouvait l'accepter. Le prince royal refusa de la reprendre, alors Alquier la déchira en sa présence, et s'écria qu'il rompait toute relation avec le cabinet suédois. Bernadotte, que cette rupture effrayait, se réserva de continuer personnellement à voir le ministre de France[2].

[1] Suède, Correspondance, t. 297, f° 280. On trouve également, dans une lettre d'Engeström à d'Ohsson, une appréciation fort sévère sur la moralité de Ranchoup, ex-consul de France à Gothembourg. Bignon, *op. cit.*, t. X, p. 170, présente Tibell comme un honorable personnage. L. Pingaud, *op. cit.*, p. 130, le donne pour un officier disgracié par le nouveau régime suédois, venu à Paris, en qualité d'interprète des mécontents, et ajoute que Napoléon lui donna audience. Tout cela est en contradiction avec les papiers des Affaires étrangères relatifs à Tibell. Suède, Correspondance, t. 297, f°ˢ 120, 187, 280. C'est d'après ces documents que nous avons exposé sa conduite. Archives nationales, AF IV, 1700 : note sur Tibell. Pendant son séjour à Paris, il fut présenté à l'Empereur ; dans les salons, il démolissait Bernadotte, qui pourtant l'avait comblé de bienfaits et allé jusqu'à dire : « Si l'Empereur le veut, nous remettrons bientôt le fils du comte de Gottrop sur le trône. »

[2] *Loc. cit.*, Suède, Correspondance, t. 296, f° 116 ; Alquier à Maret, 24 août

En conséquence, Alquier retourna au château, le 20 août, pour demander satisfaction au nom de la France pour l'affaire des corsaires de Stralsund. Le 20 juin, cinq matelots des corsaires le *Wagram* et la *Minute*, ayant insulté des conscrits poméraniens, furent attaqués par eux à coups de pierre et tombèrent dans un bassin. Il n'y eut point mort d'homme, mais « le sang français a coulé », écrivit Napoléon et, simulant un extrême ressentiment contre la Suède, d'une simple affaire de police locale fit une affaire d'État. Bernadotte répondit à Alquier, ce qui était vrai, que les coupables avaient été punis de huit jours de cachot et de vingt-cinq coups de bâton chacun et que l'officier suédois du port avait eu huit jours de prison et deux mois de suppression ; mais que pourtant, si l'Empereur n'était pas satisfait, il voulût bien déterminer lui-même la satisfaction qu'il exigeait, elle serait donnée à la France. »

A la suite de cette déclaration, à laquelle il n'y avait rien à redire, eut lieu la conversation bien connue qui se termina par les phrases sanguenues de Bernadotte et l'entrée en scène du jeune Oscar[1].

La remise de la note du 20 juillet ruina le crédit d'Alquier à Stockholm, tout le monde le prit en aversion. Son activité diplomatique peut être considérée comme terminée dès la fin d'août 1811 ; il attend les ordres de l'Empereur pour savoir ce qu'il doit faire. Trop irrité pour rechercher la société du prince royal, il s'isole et ses relations avec la cour cessent peu à peu. On se plaît alors à rappeler ses allures despotiques, et ses exigences relativement à l'exécution du blocus continental ; les partisans de l'alliance française le rendent responsable de ce que Napoléon ait abandonné ses projets d'union avec la Suède. Le bruit du

---

1811. Alquier avait eu soin de prendre copie de cette pièce avant d'aller chez Bernadotte.

[1] Cette conversation a été reproduite trop de fois pour que nous la donnions ici.

prochain rappel d'Alquier commence à se répandre et prend chaque jour plus de consistance [1].

Le vieux roi s'en plaignait à Suremain, son confident habituel.

— Que pensez-vous, disait-il, de ce vilain Alquier qui veut faire ici le proconsul romain?

— Je pense que l'Empereur ne pouvait plus mal choisir pour se faire aimer.

— Mais, cela a-t-il le sens commun de vouloir préluder à une alliance par nous vexer et nous ruiner? Je croyais, en prenant pour me succéder un Français, un ancien compagnon d'armes de l'Empereur, qu'il m'en saurait gré, qu'il me ménagerait, et c'est tout le contraire. Alquier est acharné à nous trouver des torts et le prend sur un ton qui n'est pas supportable. Aussi, Engeström, qui était tout Bonaparte, commence à en revenir. Au reste, le prince est d'avis, et c'est bien aussi le mien, de ne pas nous laisser mener à la baguette. Il y a la mer entre la France et nous, c'est un bon allié. Cependant, si Napoléon venait à se brouiller avec Alexandre, quelle belle occasion pour ravoir la Finlande! Vous le savez, j'ai un faible pour votre nation et une vieille aversion pour les Russes. Je ne pourrai plus guère monter à cheval; mais, sur un vaisseau, on n'a pas tant besoin de jambes que de la tête. Le prince royal commanderait l'armée, moi je commanderai la flotte. Une glorieuse campagne, cela finit bien un règne [2].

Ce langage ému de l'auguste vieillard résume tous les griefs et toutes les espérances du peuple suédois en 1811.

Pendant quelque temps, Suremain interrompit ses relations avec Alquier; puis, ayant appris, que certains hauts dignitaires étaient allés dîner chez lui, il crut pouvoir s'y rendre aussi, avec la permission du Roi. Bernadotte, qui ne voyait plus le ministre de France, en fit des reproches à Suremain et une scène très

---

[1] SUREMAIN, *Mémoires cités;* et Suède, Correspondance, t. 206, f° 193; Alquier à Maret, 24 septembre 1811.
[2] SUREMAIN, *Mémoires cités,* p. 286.

vive se produisit. Si le prince royal demanda le rappel d'Alquier, comme Suremain l'affirme, ce dut être par l'entremise de Désirée Clary, alors en France, car la correspondance entre le chargé d'affaires de Suède à Paris et Maret ne men... une point une semblable requête.

Lorsque la cour revint à Stockholm, dans les premiers jours d'octobre, on invita Alquier à une soirée; mais, pour le mortifier, l'invitation n'était pas libellée dans les mêmes termes que celles envoyées aux autres ministres étrangers[1]. Il s'y rendit pourtant; une note conservée aux Archives nationales nous édifie sur son attitude à cette fête[2] : « Lundi, jour de la fête du Roi, il y eut spectacle-gala et spectacle français, joué par des personnes de la cour. Le corps diplomatique y assistait; on remarqua avec indignation qu'Alquier restait seul assis, lorsque Sa Majesté était debout. Cette affectation déplut tellement que les seigneurs suédois convinrent de ne pas se trouver à la table à laquelle il viendrait souper. Malheureusement il prétexta une migraine et il ne vint pas seulement faire sa cour au Roi. On dit qu'on ne l'invitera plus. Cette conduite est d'autant plus désagréable pour le prince, que le Roi avait déjà voulu prendre ce parti et n'y avait renoncé qu'à la sollicitation de son Altesse Royale. »

Ceci prouve que, jusqu'au dernier moment, Bernadotte, malgré les écarts d'Alquier, espérait encore dans Napoléon, et désirait ménager son représentant. « Je serai avec lui tant qu'il ne me forcera pas de croire qu'il m'abandonne », avait-il répété à plusieurs reprises au ministre de France.

[1] *Loc. cit.*, Suède, Correspondance, t. 290, f 211; Alquier à Maret, 8 octobre 1811.
[2] Archives nationales, AF IV, 1700, 11 octobre 1811.

X

FIN DE MISSION

Si Napoléon avait désiré la continuation des bons rapports avec la Suède, il se serait empressé, en apprenant la sottise commise par Alquier par sa note du 20 juillet, de le rappeler en le désavouant, et d'envoyer à Stockholm un ministre plus souple, porteur de paroles d'apaisement et d'amitié. Il était temps encore de réparer le mal; mais il fallait agir avec promptitude, car nos ennemis allaient profiter de l'interruption des relations diplomatiques pour intriguer plus que jamais en Suède. L'Empereur hésita pendant plus de deux mois, du 5 août au 14 octobre et choisit enfin un moyen terme entre le rappel d'Alquier et l'approbation de sa conduite. Il supposa que celui-ci avait demandé un congé.

« L'intention de Sa Majesté est qu'immédiatement après la réception de cette lettre, vous fassiez vos dispositions pour vous rendre à Copenhague, où vous attendrez de nouveaux ordres. Vous ferez connaître aux ministres qu'ayant demandé un congé vous l'avez obtenu et vous partirez aussitôt sans voir, ni le Roi, ni le prince royal, ni le ministre des Affaires étrangères. »

Alquier devait laisser Auguste de Cabre[1], comme chargé d'affaires et lui défendre de voir le prince royal et les ministres, sauf pour les affaires courantes. Cabre ayant connu autrefois Bernadotte, il lui était expressément recommandé d'être réservé à son endroit[2].

Étant à Dusseldorf, quinze jours plus tard, Napoléon songea à envoyer à Charles XIII une lettre explicative sur le rappel d'Alquier. Le projet est aux Archives nationales (AF. IV, 1708[a],

---

[1] Secrétaire de légation à Washington pendant cinq ans, Cabre avait été chargé d'une mission à Stralsund et Gothembourg, et était arrivé à Stockholm, le 21 octobre, en qualité de secrétaire de légation.

[2] *Loc. cit.*, Suède, Correspondance, t. 296, f° 216; Maret à Alquier, 14 octobre 1811.

3 novembre 1811). Alquier irait prendre congé du Roi et l'assurer des sentiments d'amitié de l'Empereur. Cette lettre ne fut pas envoyée; elle eût été trop tardive, puisque Alquier quitta Stockholm le 2 novembre.

Il est regrettable que Napoléon n'ait pas eu cette idée quelques jours auparavant, car le départ d'Alquier n'aurait pas été interprété comme il le fut en Suède. En effet, le cabinet considéra que l'Empereur en ne désavouant pas Alquier, en ne le rappelant même pas en France, mais en le faisant partir pour Copenhague et avec l'impolitesse de quitter Stockholm, sans prendre congé de personne, approuvait partiellement au moins la note du 20 juillet.

L'Empereur se montra indulgent pour Alquier. « Sa Majesté, lui fit-il écrire, n'approuve pas votre conduite, il fallait faire des représentations verbales. En remettant une note signée, vous avez pris sur vous la responsabilité des conséquences qu'elle peut entraîner et, malheureusement, elles ont été très graves. On n'a pas voulu vous désavouer, parce que la réponse d'Engeström était inconvenante : Sa Majesté vous nomme à Copenhague. Elle n'a pas oublié vos anciens services et elle n'attribue qu'à l'ardeur de votre zèle l'erreur dans laquelle vous vous êtes laissé entraîner [1]. »

Un blâme discret, une meilleure résidence, un traitement égal, une cour plus agréable à fréquenter, telles furent pour Alquier les conséquences d'une grosse faute diplomatique. Faute que Napoléon pouvait d'ailleurs facilement réparer. Il s'était montré bien autrement sévère pour Désaugiers, dix-huit mois auparavant [2].

[1] *Loc. cit.*, Suède, Correspondance, t. 296, f° 286 ; Maret à Alquier, 5 novembre 1811.
[2] Chargé d'affaires à Stockholm, révoqué pour avoir dit en conversation que Napoléon était partisan de l'élection du roi de Danemark comme prince royal de Suède. Cf. notre étude : *Napoléon et la Suède en 1810*.

Quels sont les motifs pour lesquels Napoléon rompit virtuellement ses relations avec la Suède, en octobre 1811?

L'incident de Stralsund, peu important par lui-même et pour lequel le cabinet Engeström avait donné toutes les satisfactions désirables à l'Empereur, n'en fut point la cause [1].

Par suite d'une nécessité économique inéluctable pour la Suède, la contrebande s'exerçait à Gothembourg et sur les côtes, c'est un fait indéniable, encore que Ranchoup et Alquier en exagérassent l'importance; mais où ne s'exerçait-elle pas? la France elle-même n'en était pas exempte. Reconnaissons que les torts étaient réciproques, car les corsaires français enlevaient continuellement les bâtiments de commerce suédois même lorsqu'ils n'avaient point de denrées coloniales à bord; les plaintes du ministre de Suède à Paris, dont la correspondance est remplie, ne permettent point d'en douter. Sans s'arrêter à cette considération, Napoléon ressentit un violent courroux pour la violation du blocus continental par les Suédois et l'histoire du camp anglais de Carlshamn, inventée par Tibell et à laquelle il crut sincèrement sur les assertions d'Alquier et du ministre du Danemark, porta sa colère au plus haut point.

Pourtant à l'automne de 1811 la question entre l'Angleterre et Napoléon n'était pas de laisser quelques sacs de sucre ou de café de plus ou de moins pénétrer à Gothembourg, mais de savoir quelle serait l'issue de la guerre contre la Russie, et pour la rendre décisive l'appui de la Suède n'était pas à dédaigner à cause de sa position géographique et des sentiments d'animosité des Suédois contre les Russes. Le premier stratégiste des temps modernes n'ignorait pas de quelle importance serait une diversion de cinquante mille Suédois exaspérés, sous la conduite d'un général formé à son école et agissant directement sur Saint-Pétersbourg par la Finlande.

[1] Lettre du chargé d'affaires de Suède à Paris à Maret, 30 août 1811, t. 296, f° 147, et rapport de Maret à Napoléon, p. 150.

Napoléon le savait mieux que personne, puisque, six mois auparavant, craignant une attaque subite des armées du Tzar, il avait demandé l'alliance suédoise, pour y renoncer tout aussitôt. On a écrit qu'il se flattait de ressaisir Bernadotte au moment opportun; une note dictée par lui en marge de la dépêche de Maret à Alquier, le 19 juillet 1811, permet de croire qu'il caressa un instant cette idée; mais il n'y donna pas suite. En effet, s'il avait eu l'espérance de ressaisir Bernadotte, il n'aurait pas rompu les relations aussi complètement qu'il le fit en octobre 1811; il était trop perspicace pour cela [1].

Il supposait que la Suède resterait neutre entre la Russie et la France; mais cette neutralité serait elle-même très avantageuse pour la Russie, et de la neutralité la Suède pouvait passer à l'alliance; c'est ce qui arriva, en effet, par suite de l'occupation de la Poméranie suédoise par Napoléon, en janvier 1812.

On comprend que le puissant Empereur ait dédaigné d'avoir la Suède pour ennemie, mais il ne dut jamais croire son concours inutile contre la Russie.

La vérité est que Napoléon préféra combattre le Tzar sans le secours de Bernadotte. Des sentiments personnels lui dictèrent cette conduite impolitique, et ici le chef d'État fait place à l'homme. Nous l'avons vu repousser avec dédain toutes les avances de Bernadotte, ne lui accorder aucune des petites satisfactions qu'il demandait. Napoléon ne veut rien devoir à son ancien lieutenant, à un homme qu'il méprise et dont il a eu à se plaindre, il ne peut se résoudre à signer un traité avec lui et il oublie que derrière cet homme il y a la Suède tout entière, alors exaspérée contre la Russie.

Il sait bien que la Suède finira par tomber dans la politique anglo-russe, s'il ne s'allie pas étroitement avec elle : de nom-

[1] La tentative, faite en mars 1812, par l'entremise de Désirée Clary, sur l'ordre de Napoléon, ne pouvait réussir; l'occupation de Stralsund nous ayant définitivement aliéné la Suède.

breuses dépêches d'Alquier lui ont fait prévoir cette évolution fatale ; n'importe, il rejette l'alliée naturelle de la France, et trois mois plus tard, le 27 janvier 1812, il envahira sans déclaration de guerre une de ses provinces, la Poméranie suédoise. Bernadotte, complètement désillusionné par cette agression, conclut le 5 avril suivant son traité avec Alexandre.

Si un autre que Bernadotte eût été prince royal de Suède, la conduite de Napoléon envers ce pays eût probablement été bien différente, ainsi que les destins de la campagne de Russie.

www.ingramcontent.com/pod-product-compliance
Lightning Source LLC
LaVergne TN
LVHW021706080426
835510LV00011B/1616